Bordeaux, 1891.

BIOGRAPHIE

D'UN MAIRE SOI-DISANT CONVERTI AU RÉPUBLICANISME

Commandeur des Ordres Pontificaux de Saint-Grégoire-le-Grand

et de Saint-Sylvestre

OFFICIER D'ACADÉMIE

Par E. MASSÉ

Président du Comité républicain d'Ambès (Gironde).

BORDEAUX

IMPRIMERIE J. PECHADE FILS AINÉ
20, rue Margaux, 20

1891

BIOGRAPHIE

D'UN MAIRE SOI-DISANT CONVERTI AU RÉPUBLICANISME

Commandeur des Ordres Pontificaux
de Saint-Grégoire-le-Grand
et de Saint-Sylvestre

OFFICIER D'ACADÉMIE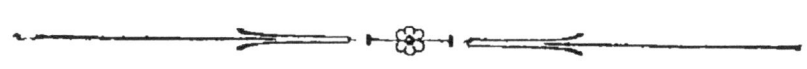

Par E. MASSÉ

Président du Comité républicain d'Ambès (Gironde).

BORDEAUX

IMPRIMERIE J. PECHADE FILS AINÉ

20, rue Margaux, 20

1891

BIOGRAPHIE D'UN MAIRE

SOI-DISANT CONVERTI AU RÉPUBLICANISME

Monsieur le Rédacteur de la " Petite Chronique " de St-Loubès.

Ambès, le 27 mai 1890.

Monsieur le Rédacteur en chef,

Vous venez de démasquer et de montrer sous leur vrai jour, avec une énergie et une indépendance dont les républicains du canton doivent vous savoir gré, le maire et les conseillers boulangistes de Saint-Loubès. J'approuve entièrement la campagne que vous avez entreprise, et je vous félicite de la bonne humeur dont vous avez su l'égayer. Et, puisque « la *Petite Chronique* est une tribune où l'on a l'aisance des coudes, » je vous demande l'hospitalité dans « les pages blanches » que vous mettez à la disposition de vos amis.

A Ambès, nous avons, encore plus que vous, à souffrir des agissements des faux républicains. Notre maire vaut bien votre M. Barailley. Sous couleur de République, il fait le jeu de la réaction ; appelé à la tête de nos affaires communales par une majorité hostile à nos institutions, il se doit à ses amis et le leur prouve chaque jour à nos dépens. Il n'a jamais manqué une occasion de donner à son Conseil municipal des gages dont la République fait les frais. Je me propose d'ailleurs de revenir plus tard sur l'édifiante biographie de ce soi-disant converti et de fournir à vos lecteurs. avec les détails circonstanciés, des documents qui ne trouveraient pas place dans une lettre. Il me suffit aujourd'hui de l'avoir signalé comme un dissolvant du parti républicain non seulement dans sa commune, mais encore dans tout le canton où son amitié est sur le point de compromettre les chefs les plus respectés de la démocratie.

On me trouvera peut-être audacieux de m'attaquer à ce capitaliste. Je sais qu'il a organisé chez lui un véritable cabinet politique avec la collaboration du légendaire Aurélien Vivie, et je suis bien sûr que son ministre de l'orthographe trouvera le moyen de me chicaner sur les virgules. Mais je m'en rapporte à l'expérience du prote. D'ailleurs, nous sommes ici non pour bien dire, mais pour bien faire. Que ceux qui ne savent pas écrire en français parlent en patois, comme *Cadichoun*; les balais ne sauraient être trop nombreux pour mener à bonne fin l'œuvre d'assainissement que vous avez entreprise pour le plus grand bien de la cause républicaine.

Recevez, etc.

E. MASSÉ.

Nommé conseiller municipal et maire de la commune d'Ambès, au commencement de l'année 1877, par les électeurs et les conseillers républicains, M. Escarraguel ne tarda guère à donner à ceux qui lui avaient accordé leurs suffrages une marque éclatante de *son indépendance du cœur*.

Sous prétexte de faire bénir un puits artésien, au début même de l'agitation réactionnaire du 16 mai, il organisa, dans notre commune, une *pompeuse* manifestation en faveur de l'ordre moral.

Le président de la cérémonie était tout indiqué, ce fut M. Jacques de Tracy, le préfet cher à MM. de Broglie et de Fourtou, assisté, pour la circonstance, du bonapartiste le plus considérable du canton, M. Paul Dubois; notre jeune maire remplissant les fontions de sous-diacre.

Nos bons administrateurs n'étaient pas encore arrivés à leur apogée : M. Jacques de Tracy n'avait pas reçu son clysopompe, et M. le Maire sa croix de commandeur de l'Ordre pontifical de Saint-Grégoire-le-Grand.

Montés sur une estrade placée au centre de la place publique d'un petit bourg de campagne, ces puissants du jour haranguèrent le peuple, et c'était bien, aux yeux de la population, la consécration la plus évidente de l'adhésion de notre Maire à ce nouveau régime qui devait enterrer la République.

Pour compléter le tableau, Mgr le cardinal Donnet donna la bénédiction. Par inadvertance sans doute, le *Domine Salvam fac Rempublicam* ne fut pas chanté.

La cérémonie terminée, un joyeux banquet réunit, autour de notre Maire, tous ces croque-morts de la *Gueuse*, et, le lendemain, le « Journal de Bordeaux » et la « Guienne », organes aujourd'hui éteints, de toutes les réactions, furent distribués gratuitement avec une profusion qui dut faire longtemps gémir les presses étonnées de ce tirage exceptionnel. Ces feuilles mortes donnaient le compte-rendu détaillé de l'imposante manifestation d'Ambès, avec l'assaisonnement obligatoire de quolibets et d'épithètes railleuses à l'adresse des républicains.

Voilà le spectacle que nous réservait un ambitieux sans vergogne, dont les palinodies écœuraient alors tous le républicains.

On se promit bien, en ce moment, de ne plus se laisser duper par le bonhomme.

Mais, pourtant !...

Nous recevons la lettre suivante que nous nous faisons un devoir de reproduire :

Ambès, le 9 juin 1890.

Monsieur le Rédacteur en chef,

Je m'étais promis de ne pas répondre aux communications me concernant insérées dans votre journal la *Petite Chronique.*

A la dernière réunion du Comité républicain du canton, je croyais avoir répondu à toutes les accusations formulées contre moi par un mécontent du parti, adversaire bien connu de ma personne. J'avais oublié un point : il paraît, d'après mon dénonciateur, que j'aurais organisé pendant le 16 mai, et pour le triomphe de cette aventure politique, une réception à laquelle assistait le préfet d'alors, M. de Tracy.

C'est inexact.

Un puits artésien — dû à mon initiative et qui a donné de l'eau potable dans un pays qui en manquait totalement — a été l'occasion d'une inauguration toute naturelle, et c'est M. Decrais, notre sympathique préfet, qui fut invité par moi à venir à Ambès, avec le vénéré cardinal Donnet, dont tout le monde connaissait l'esprit large, libéral et tolérant. Tous mes amis républicains et le conseiller général républicain du canton devaient également, et sur mon invitation, assister à cette inauguration.

C'est sur ces entrefaites qu'éclata le 16 mai.

Le Préfet fut changé et je dus subir celui que le gouvernement avait imposé. Maire, il m'était impossible de faire autrement.

Mais, remarque très importante et sur laquelle j'insiste tout particulièrement, je n'ai prononcé dans cette circonstance aucun discours pouvant faire supposer mon adhésion à ce 16 mai, auquel je ne croyais pas plus que je n'ai cru à l'aventure boulangiste, qui s'est si piteusement effondrée.

Je suis l'ennemi des extrêmes. Pour moi, selon l'adage ancien : *in medio virtus*. Aussi, tous mes actes publics sont-ils ceux d'un libéral qui puise ses inspirations aux sources républicaines progressistes et qui sait y conformer sa conduite.

Votre correspondant parle sans cesse de mes

décorations. Veuillez lui affirmer que je suis fier de les porter, parce qu'elles m'ont été accordées, en réalité, pour services rendus à mon pays et à ma commune. M. Jules Ferry, le ministre de l'instruction publique, l'a ainsi apprécié. Je ne crains pas de dire qu'il en est de même de la croix demandée par l'administration diocésaine et que le gouvernement républicain m'a autorisé à accepter.

Je ne veux pas insister autrement.

Je vous prie, Monsieur le Rédacteur en chef, d'insérer cette réponse dans le prochain numéro de votre journal, et de vouloir bien agréer l'assurance de ma considération très distinguée.

Le Maire d'Ambès,

Arthur Escarraguel,

Membre du Comité républicain du canton du Carbon-Blanc.

Ambès, le 16 juin 1890.

Monsieur le Rédacteur en chef,

La lettre que vous avez insérée dans votre numéro du 15, et qui est signée de M. A Escarraguel, maire d'Ambès, mérite une réponse.

Cette lettre, quoique *travaillée*, veut être haineuse ; elle n'est que pénible.

Je n'ai jamais été un *dénonciateur*. J'ai toujours lutté loyalement, à visage découvert, pour la République, et cette lutte date de plus de 20 ans. Le maire d'Ambès, croyant mieux se défendre, rappelle maladroitement le souvenir du sympathique M. Decrais, ex-préfet de la Gironde. Tout le monde sait que cet honnête homme, ce fonctionnaire d'un mérite rare, donna sa démission pour ne pas servir le 16 mai, et tout le monde comprendra qu'en le félicitant de sa conduite, M. A. Escarraguel se flétrit lui-même, puisqu'il n'a pas eu le courage de suivre un exemple qui lui venait de si haut.

Quant aux discours prononcés lors de la bénédiction du puits artésien, la confusion n'est pas possible.

Je n'ai pas écrit, et personne n'a compris, que M. Escarraguel avait pris la parole. Son éloquence tient dans les actes seulement, et, en le qualifiant de sous-diacre, j'ai bien voulu dire qu'il avait officié, mais non qu'il avait fait le sermon.

On naît orateur, mais non pas comme *on est* millionnaire. La mémoire lui fait défaut lorsqu'il s'attribue l'initiative d'un puits artésien à Ambès. C'est sous l'administration de son prédécesseur que le forage fut commencé. M. A. Escarraguel fût, comme les autres, appelé à souscrire, et son rôle, quand il eut accroché l'écharpe de maire, se borna à en préparer avec grand apparat la fertile inauguration.

Il n'a jamais cru, dit-il, au 16 Mai. N'était-il pas au nombre des familiers de M. de Coëtlogon, de ce secrétaire général dont il encombrait le cabinet lorsqu'il fréquentait la Préfecture ?

M. A. Escarraguel aurait mieux fait d'attendre la fin de la publication de sa biographie. Il aurait pu constater que j'ai trop de respect pour la rédaction et les lecteurs de la « Petite Chronique » pour avancer quoi que ce soit sans documents à l'appui.

La suite le démontrera suffisamment, sans que j'aie besoin d'insister.

Quant à l'adage : *In medio virtus*, sans avoir fait mes humanités, j'ai cru comprendre que, dans la bouche de M. Escarraguel, cela voulait dire :

> Je suis oiseau, voyez mes ailes.
> Je suis souris, vivent les rats.

Après avoir manifesté en faveur du nouveau régime, il fallait le faire triompher. Pour cela, notre jeune maire met en œuvre toutes ses ressources, et elles sont grandes.

Pour amoindrir les républicains, il les dénigre ; pour rallier les réactionnaires qui lui gardaient rancune d'avoir supplanté leur chef de file, il les adule, les circonvient, se compromet avec eux et se fait accepter, enfin.

Mais, des gages ! on veut des gages !

Il en donne.

Quand arrive le moment des élections, il organise, en Barnun expert, une nouvelle exhibition, celle-là à domicile. Devenu l'infatigable cicérone de M. Arthur Pastoureau, candidat du maréchal, et de M. Paul Dubois, il sillonne la commune, remorquant partout nos bons Seize-Mayeux, les présentant aux électeurs flattés. Bien avant le brav'général, qui lui a volé son procédé, pour lequel M. A. Escarraguel n'avait pas eu soin de prendre un brevet d'invention, il laisse, comme un précieux souvenir de son passage, les cartes de visite de M. Pastoureau et de M. Paul Dubois, entre lesquelles il a soin de glisser la sienne.

Tout ce beau zèle fut inutile, et M. A. Escarraguel ne put pas réussir à culbuter Marianne.

Je reconnais cependant bien volontiers que si M. Dupouy fut élu et M. Pastoureau blakboulé, ce ne fut pas la faute du maire.

Les républicains d'Ambès, pour fêter la victoire de la démocratie sur le gouvernement des curés, — comme l'appelait Gambetta, — offrirent par souscription un buste de la République qui devait être placé dans la salle de la mairie.

Nos conseillers municipaux ne trouvèrent pas la chose de leur goût; non pas que leur sens artistique fût choqué de ce que ce buste ne portait pas la signature de Falguière ou de tout autre sculpteur célèbre dont le nom défie la critique, mais bien parce que tout buste de la République, quelle qu'en soit l'expression, choque leurs convictions monarchiques et agace leurs nerfs.

La majorité de notre jeune Maire refusa le présent sans commentaires, ce qui me dispense suffisamment d'en faire ici sur elle de plus longs. Le Maire eut la cruauté de *nous laisser le buste sur les bras*. Il est vrai que, n'étant pas massif, il ne nous parut pas trop lourd. Au surplus, M. Decrais, que le gouvernement républicain avait appelé de nouveau à la préfecture de la Gironde après la défaite de la réaction, ne tarda pas à casser la délibération du Conseil municipal d'Ambès, et, *avec un profond soupir de soulagement*, nous vîmes enfin le buste de la République installé d'office à la mairie.

Nos bons réactionnaires ne se tinrent pas pour battus et engagèrent la commune dans un procès avec l'administration préfectorale devant le Conseil d'Etat.

La décision de cette suprême juridiction fut conforme à celle de notre honorable Préfet, et tous les *vrais* républicains le constatèrent avec joie.

Maintenant que j'ai exposé ces faits dans toute leur simplicité et dans toute leur vérité, qu'il me soit permis, avant d'aller plus loin, de poser quelques questions à notre jeune Maire.

Il y répondra peut-être. J'en serais pour ma part enchanté, si ses réponses surtout sont aussi claires et aussi précises que mes interrogations.

Comment nos conseillers municipaux, généralement ménagers de nos deniers, ont-ils brusquement rompu avec leurs saines traditions de prévoyance et risqué nos économies dans une semblable aventure ?

Ne serait-ce pas parce qu'un *bienfaiteur* anonyme avait promis de couvrir les frais, pourvu qu'on continuât de narguer les républicains ?

Qui a payé les dépenses de ce procès perdu par la commune et dont aucun budget ne garde la trace ?

Allons, M. Escarraguel, nommez-nous donc le *conseilleur*, et, si vous n'êtes pas modeste, nommez-nous donc aussi le *payeur*.

L'écharpe ne suffit pas au zèle dévorant de notre

jeune maire; il lui faut la présidence de la Société de secours mutuels; là aussi, il y a des influences républicaines à détruire et des services à rendre aux cléricaux dont il sollicite les *sacrées* décorations.

Des républicains qui faisaient partie du bureau de cette Société avaient fait voter, au nom de la liberté de conscience, l'abrogation d'un article ainsi conçu :

« Art. 49. — *Des amendes.* — ... Paiera 2 fr.,
» celui qui manquera d'assister à la procession de
» la Fête-Dieu, les deux dimanches. »

Le règlement, ainsi modifié, était appliqué depuis six ans, et les sociétaires pouvaient, comme les autres citoyens, assister ou non, suivant leur goût, à ces manifestations religieuses.

Mais M. Escarraguel, nommé président, s'empresse, à la première occasion, de convoquer en corps la Société, sans tenir compte de la modification adoptée.

Beaucoup de membres protestent par leur absence. Ils sont mis à l'amende avec menace d'exclusion perpétuelle s'ils ne paient pas. Plusieurs cèdent, mais cinq d'entre eux veulent maintenir leurs droits; ils sont exclus sous le prétexte que la modification à l'art. 49 n'a pas été approuvée par M. le préfet, comme le veut l'art. 52 des Statuts.

Cette approbation légale est demandée à M. le préfet de la Gironde, qui s'empresse de l'accepter; les exclus intentent alors un procès en demande de réintégration.

Pendant ce temps, l'élection pour le renouvellement du bureau a lieu, et, à la suite d'une vive propagande conduite par M. Escarraguel, ceux de nos amis qui s'étaient prononcés contre l'exclusion ne sont pas réélus.

Le procès est enfin jugé. L'approbation préfectorale n'ayant été acquise qu'après les processions qui avaient motivé la mesure de rigueur prise contre eux, les demandeurs sont condamnés. Ils eurent ainsi à supporter les coûteuses conséquences d'une négligence coupable, car il était du devoir du président de faire approuver la modification apportée au règlement. M. Escarraguel préféra tirer profit de cette situation pour donner de nouveaux gages à nos adversaires. Peu lui importait les sacrifices que des sociétaires s'étaient imposés pendant quinze ans pour s'assurer des secours en cas de maladie. Ne se devait-il pas, avant tout, à ses nouveaux alliés?

Pour que nul n'en ignore, le *Nouvelliste* fut distribué gratuitement. Il contenait, avec le récit fantaisiste du procès, une bonne tartine où l'on raillait proprement les libres-penseurs d'Ambès.

Nous arrivons maintenant à une phase de la vie politique de notre jeune Maire, où ses convictions et ses principes sont mis en lumière avec un tel *éclat* qu'il n'y a plus d'erreur possible pour les aveugles eux-mêmes, à moins qu'il n'en soit pour eux comme pour les sourds, dont les pires sont, comme chacun sait, ceux qui ne veulent pas entendre.

Nous sommes en 1884, à la veille des élections municipales, qui eurent cette année une importance exceptionnelle, car elles devaient servir de préface aux élections législatives de 1885, à cette grande consultation du suffrage universel qui, au dire du *Nouvelliste*, consacrerait la fin tant de fois prédite et autant de fois ajournée du régime républicain.

Quand le but est grand, qu'importe à nos réactionnaires que les moyens soient petits!

Pour préparer le terrain, il fallait des hommes, et des hommes sûrs dans les Conseils municipaux.

M. Escarraguel fut à Ambès leur premier ténor; ce fut lui qui *chanta*, et pendant près de deux ans un très grand nombre d'électeurs reçurent le *Nouvelliste*, dont un ami inconnu avait payé d'avance l'abonnement. Quand arrivent enfin les élections municipales, notre jeune Maire dresse une liste entièrement composée de réactionnaires et dans laquelle il figure. — On n'est pas Jacobin à ce prix.

Le Comité républicain n'hésite pas à engager la lutte contre ses adversaires, et adresse aux électeurs la circulaire suivante :

« Messieurs les électeurs,

» Nous venons vous recommander une liste de candidats au Conseil municipal.

» Grâce à la complaisance de la majorité de l'ancien Conseil, notre commune est livrée au bon plaisir de M. le Maire ; sa volonté prévaut en tout et partout. L'expérience vous a appris comment il est administrateur : nos chemins sont impraticables pendant l'hiver ; le bourg et ses environs sont dans un état de malpropreté excessive ; malgré cela, les dépenses augmentent. Par suite de la construction de la maison d'école, échangée avec la commune contre l'ancienne école des filles, un tort considérable, irréparable même, a été porté au bourg comme agrandissement et comme aspect.

» Si l'on objectait les dons charitables faits par M. le Maire, vous répondriez que les ouvriers ne demandent pas d'aumônes ; ce qu'ils veulent, c'est du travail, et M. le Maire n'est pas de ceux qui leur en donnent le plus.

» Du reste, si le concours de l'Etat était nécessaire à vos besoins ou à ceux de la commune, nos amis l'obtiendrait plus facilement que nos adversaires, qui ne cessent de combattre le Gouvernement.

» Electeurs,

» La République vous a faits hommes libres.
» Elle vous a donné le droit de vote.

» Grâce à elle, vous êtes les maîtres souverains.

» Votez en toute liberté selon votre conscience, sans vous laisser intimider par qui que ce soit ; le vote est secret, il est inviolable.

» Entre les partisans de vos droits et de vos libertés, et ceux qui les combattent, choisissez.

» Ambès, le 29 avril 1884.

» Touluire, Castex, E. Massé, Caillau, Coiffard, Joffre, Auguste Castex. »

S'il reste encore des doutes dans l'esprit de quelqu'un sur la qualité du libéralisme de M. Escarraguel, qu'il veuille bien lire et relire avec attention cette affiche-circulaire, et apprenne que notre jeune Maire y trouva matière à procès.

Procès que les républicains, je me hâte de l'ajouter, perdirent d'ailleurs, mais dont M. Escarraguel se fait, paraît-il, un titre de gloire qu'il croit pouvoir escompter pour s'accréditer auprès des notabilités du canton.

La liste réactionnaire est élue et cependant notre jeune Maire n'est pas satisfait. En effet, la liste républicaine obtient près de 100 à 107 voix; cette minorité lui tourne la tête; il faut à tout prix qu'elle passe à l'état de quantité négligeable. Qui veut la fin, veut les moyens. On trouvera trouvera des arguments s'il faut s'en expliquer... plus tard.

Aux élections de 1881, M. Escarraguel n'avait renvoyé que son homme d'affaires. Cette fois, comme à une situation nouvelle il faut des hommes nouveaux, notre homme fait table rase.

Son maître de chai, son maître maçon, son maître terrassier, son botteleur, des ouvriers de toute sorte, des marchands, des fournisseurs, plus ou moins suspectés de républicanisme, sont impitoyablement congédiés. Un entrepreneur, qui travaillait pour la mairie, bien qu'il soit payé sur le budget de la commune, ne trouve pas grâce devant cet exécuteur de basses-œuvres. L'entrepreneur qui le remplace ne votera pas pour les républicains : il n'est pas électeur.

En France, on n'a guère connu que la terreur rouge de 1793 et la terreur blanche de 1815. A Ambès, seulement, on en connut une troisième : *la terreur du ventre.*

Bon nombre de républicains n'osaient plus manifester hautement leurs opinions, obligés qu'ils étaient de gagner leur vie et craignant qu'on ne leur refusât du travail si M. Escarraguel faisait école.

Un employé, que nous avions tout lieu de croire sincère, nous dit un jour :

« Je crains que vos relations ne me portent tort; M. Escarraguel est bien avec mes patrons. »

Depuis, cet employé s'est tourné du côté du pain ; M. Escarraguel l'a fait élire conseiller municipal, et il a, en cette qualité, signé, en compagnie d'autres conseillers municipaux d'Ambès, un appel aux électeurs en faveur du candidat réactionnaire qui se portait au Conseil général contre M. Savariaud.

C'est par ces procédés que la réaction triomphe. Mais le but poursuivi n'en est pas moins atteint.

Des républicains, les uns sont intimidés par l'exemple des chefs condamnés à un franc d'amende, dans ce procès légendaire, les autres sont contenus par la crainte incessante de ne plus trouver dans leur travail le pain quotidien de la femme et des enfants. Aussi, quand arrivent les élections législatives de 1885, les candidats républicains n'obtiennent que 75 voix, alors qu'aux élections précédentes, l'un d'eux, M. Raynal, en avait obtenu 125.

Ambès, avait bien mérité du trône et de l'autel. Son jeune maire reçut la juste récompense de ses services, et fut élevé à la dignité de commandeur de l'Ordre pontifical de Saint-Sylvestre. (Ça lui fait deux.)

Quant aux républicains, qui venaient de perdre 50 voix, ils classaient, tout en préparant leur revanche, les documents et les preuves des palinodies de ce caméléon politique. Ils ne doutaient pas un instant, en effet, qu'à l'exemple des rats qui désertent le navire dès qu'il commence à faire eau et menace de couler, M. Escarraguel abandonnerait à leur triste sort l'ordre moral et ses pilotes aussitôt qu'il en pourrait prévoir le naufrage.

L'événement a donné raison aux prévisions des républicains d'Ambès. A l'heure qu'il est, il n'y a pas de démocrate plus manifestant que M. Escarraguel; il n'y en a guère de mieux en cour que lui.

En 1887, M. Escarraguel sollicitait l'honneur de faire partie du Comité républicain d'Ambès. Il s'appuyait sur son titre de membre du Comité républicain de Lormont.

Le Comité d'Ambès, dont les rangs sont ouverts à tous les républicains sincères, accueillit la demande de M. Escarraguel avec une défiance bien justifiée.

M. Escarraguel avait chassé les républicains de la mairie, chassé les républicains de la Société de secours mutuels. N'y avait-il pas dans ces faits, encore récents, de quoi légitimer cette défiance? Ne chercherait-il pas à jouer le rôle d'un élément dissolvant et à chasser les républicains de leur propre Comité?

Quelque temps avant sa demande, il avait tenté de former un cercle conservateur. — Les appartements avaient été loués, réparés, remis à neuf. Le projet ne put aboutir. Mais, rassurez-vous, ce n'était pas de sa faute, les adhérents firent défaut, et M. Escarraguel, la mort dans l'âme, dut résilier le bail.

Tous ces hauts faits donnaient à réfléchir. M. Escarraguel n'ayant encore donné aucun gage au parti républicain, on attendit des actes, et comme les élections municipales devraient avoir lieu un an plus tard, on décida de suspendre toute décision jusqu'à cette époque. Bien qu'il ne soit pas gentilhomme, M. notre Maire n'aime pas faire antichambre sans doute ; au début de la période électorale, il retourna prestement sa veste, et revint à ses premières amours. Ses vieux amis l'accueillirent à bras ouverts. Au fait, les avait-il jamais abandonnés ?

Il commence sa campagne, organise deux réunions privées dont les républicains sont soigneusement exclus, pérore dans ces réunions, y fait acclamer une liste de candidats, lance une circulaire, fait afficher un manifeste. Une vraie perle, ce manifeste : Boulanger n'eût pu trouver mieux !

Ne privons pas nos lecteurs de ce morceau de choix :

« Vous savez qui je suis. Je ne répondrai pas
» aux attaques que je ne veux ni relever ni quali-
» fier.

» Mon passé seul suffit à me défendre. Je suis
» profondément attaché à cette commune par mes

» intérêts et par mes amis. Je fais appel à vous
» tous en vous disant :

» Venez voter en masse, groupez-vous autour
» de mon nom et donnez-moi une preuve écla-
» tante de votre attachement.

» En retour, mon dévouement ne cessera pas
» d'être à la hauteur de votre confiance. »

En dépit de cette prose lyrique, son étoile baisse. Onze candidats sont élus au premier tour. M. le Maire est distancé et arrive péniblement mauvais septième au poteau. Restait un conseiller à élire. Le scrutin de ballottage eut lieu le dimanche suivant.

Les républicains présentèrent le plus favorisé de leur liste. Il avait réuni cent cinquante suffrages sur son nom. Notre ami jouit ici de l'estime de tous, mais il est républicain. Aussi M. Escarraguel craignant de voir un républicain forcer les portes du conseil municipal, lance, en faveur d'un candidat réactionnaire, un manifeste qu'il fait signer par tous les élus du premier tour.

Voyez la bizarrerie des choses ; tandis que M. Escarraguel faisait à Ambès cause commune avec des réactionnaires qu'on a toujours vus graviter en satellites fidèles autour des Princeteau et des Robert Mitchell, ces deux étoiles du boulangisme girondin, notre jeune maire protestait, à Lormont, de sa foi républicaine, et réussissait à se faire nommer conseiller municipal par cette commune si dévouée à nos institutions.

Candidat phénomène, il incarne deux êtres dans le même individu !

Nous sommes aux élections législatives de 1889. Les réactionnaires de toutes nuances se groupent, sous le nom de boulangistes, pour faire échec au gouvernement de la République. Le devoir des républicains est de contribuer par tous leurs efforts à assurer la victoire. M. le Maire était président de droit du bureau électoral de notre commune; sa présence eût certainement mis plusieurs électeurs à l'aise, vu qu'ils restent réactionnaires par peur de lui. Mais que voulez-vous, il se doit avant tout à ses amis les réactionnaires, à qui il a donné déjà tant de gages ; aussi s'abstient-il de venir présider le bureau électoral qu'il leur livre à discrétion. C'est une désertion en règle. Deux républicains, cependant, trouvèrent moyen de faire partie du bureau, mais l'un d'eux eut à s'en repentir ; adjoint instituteur à Ambès, huit jours après il était déplacé avec disgrâce.

Songez-donc ! ce jeune homme était membre du Comité républicain ; en vacances au moment des élections, il était venu des Pyrénées pour faire son devoir de citoyen ; il n'en fallait pas davantage pour s'attirer les foudres des réactionnaires, qui sont très puissants ici, grâce à une influence occulte.

Un homme à la dévotion de M. le Maire pour les distributions de bulletins et les propagandes de toute sorte — réactionnaire très connu — est chargé par lui de distribuer des bulletins au nom de M. Raynal. Bien que l'affichage et les distributions de bulletins soient du ressort du Comité républicain qui, du reste, a fait les choses d'une façon irréprochable, — M. le Maire a tenu à jouer le rôle de la mouche du coche, rôle qu'il s'approprie en bien des circonstances, — cette distribution n'est qu'une frime, à peine remit-il des bulletins au quart des électeurs et le distributeur s'abstint de voter ; est-ce par ordre ?

Au second tour, changement à vue. M. de Sonneville reportant ses voix sur M. Princeteau, il semblait que celui-ci eût des chances d'être élu ; aussitôt la mouche change de coche, et l'homme en question distribue sérieusement, cette fois, des *Nouvellistes* de circonstance et des bulletins de M. Princeteau.

L'attitude de M. le Maire, en ce qui le concerne, reste toujours la même ; il ne préside pas le bureau électoral, je crois même qu'il n'est pas venu à Ambès ce jour-là.

Nos amis seront édifiés et comprendront maintenant que, malgré le grand désir des républicains d'Ambès de fêter ensemble la grande victoire républicaine au banquet du Carbon-Blanc, leur dignité leur faisait un devoir de se retirer plutôt que de subir la présence parmi eux de leur pire ennemi.

Les marques de vive sympathie que nous ont prodigués nos nombreux amis dans cette circonstance, nous ont largement vengés de l'insulte qui nous a été faite, et cette manifestation restera pour nous un de nos meilleurs souvenirs.

E. MASSÉ,
Président du Comité républicain d'Ambès.

N.-B. — Cette Biographie a été publiée dans la Petite-Chronique de Saint-Loubès. (*Voir les numéros des 1ᵉʳ, 8, 15, 22, 29 juin; 6, 20 juillet; 1ᵉʳ, 10, 17 août et 21 septembre 1890*)

Bordeaux. — Imp. J. PECHADE, rue Margaux, 20.

www.ingramcontent.com/pod-product-compliance
Lightning Source LLC
Chambersburg PA
CBHW060459050426
42451CB00009B/719